JN439626

그땐 그랬지

Then IdId

그땐 그랬지

Then IdId

이희두 시집

계간문예

시인의 말

하나님이 그들에게 복을 주어 가라사대 생육生育하고 번성하여 여러 바다물에 충만하라

새들도 땅에 번성하라 하시니라(창1:22)

다시 2018年 무술년武戌年 황금 개띠 새해를 맞았다.

항상 비젼을 갖고 새로운 마음. 겸손한 자세로 선한일을 하겠다고 다짐하면서 지난날의 해왔던 일과 틈틈히 여행을 하면서 듣고 보고 했던 것을 스케치해서 추억을 만들어 왔다.

나의 시는 어떤 이념에 추종에 있지 않고 어둠속에서 밝음을 향해 부단히 노력하면서 지나온 역사을 통해 후대에 알 수 있도록 하는 바람에서 글을 모았다.

좋아하는 고사성어故事成語에 양금택목良金擇木 좋은 새는 좋은 나무를 가려서 둥지을 튼다 (현명한 사람은 자기 재능을 키워줄 훌륭한 사람을 잘 택하여 섬긴다.)

한단지몽邯鄲之夢한단에서 꾼 꿈이라눈 뜻으로 인생의 덧 없음과 영화榮華의 헛됨을 비유하는 말이다.

항상 주변을 돌아보는 삶을 살겠다고 다짐하면서 살아왔고 그동안 저를 사랑하는 마음으로 아껴 주었던 선·

후배님들과 더 넓은 교류을 통해 폭 넓을 안목을 가지고 좋은 글을 쓰리라 다짐하며 올해 100세가 되신 아버지와 우리가족 모두에게 사랑을 전하며 세계속에 대한민국이 되에 가기를 기도한다.

2018년 무술년 새해
효자동 연구실에서
이희두

차례

시인의 말 · 4

제1부 | 봄의 노래

봄의 노래 · 14
봄 · 15
봄이 오는 길목 · 16
꽃망울의 속삭임 · 17
물水 · 18
노란 꽃의 노래 · 20
지구가 변했다 · 21
춤추는 목련화 · 22
민들레 · 23
아지랑이 아롱거리는 봄 · 24
100세가 된 아버지 무술년戊戌年

제2부 | 도시와 농촌(서울-평양)

도시와 농촌 · 26
서울-평양
평양 칠골교회 · 27
개성 자남산 여관 · 28
양각도 호텔 · 29
대동강
평양 아리랑 축제 · 30
금강산 · 31
토지 · 32

땅 · 33
하늘과 땅 · 34
농부 · 35

제3부 | 촛불, 교회

촛불(1) · 38
촛불(2) · 39
촛불의 의미 · 40
태극기와 촛불 · 41
꿈 · 42
무술년武戌年 새해
대통령 탄핵 가결 · 43
희망을 위해 · 44
그날 · 45
교회 · 46
예배당 · 47
부활절 · 48
달려야 산다 · 49
무술년武戌年
한탄강 · 50
하늘이여 힘주소서 · 51

제4부 | 낮과 밤

낮과 밤 · 54
인연 · 55

빗줄기 · 56
무더위 · 57
사랑하자 · 58
하나 · 59
이제야 알 것 같네요 · 60
상호작용 · 61
좋은 일이 · 62
모악산 · 63
가뭄 · 64
태양은 뜨겁고 · 65
재래시장 · 66
물水 · 67
고목나무 · 68
빛 · 69
비가 내리네 · 70
허전한 마음 · 71
비우자 · 72
세월 · 73
둥우리 사랑 · 74
길 · 75
KBS 사랑의 삼각끈 · 76
김치 · 77

제5부 | 그대의 눈빛 속에서

그대의 눈빛 속에서 · 80
삶의 보람 · 81
가을 이야기 · 83
홍시감 · 84
내 마음속에 · 85
국화꽃 · 86
동행 · 87
그리움 · 88
색동저고리 · 89
겨울 이야기 · 90
팔팔 올림픽 · 91
조용한 아침 · 92
모악산에서 · 93
가을 · 95
한 시대는 흘러 · 96
갈대 · 97
하얀 세상 · 98
멋진 그림 · 99

제6부 | 코스모스 / 워싱턴(애쉴랜드 대학)

코스모스 · 100
논개 생가는 희망 · 102
나비로 살아라 · 103

개울 · 104

인연 · 105

야생화 · 106

KBS와 만남 · 107
남산

그시절 · 108
결혼식

삭발을 하고 · 109

이름 짓기 · 110

세월은 흘러가고 · 111

일을 한다는 것은 · 112

바다 · 113

개미의 나라 · 114
일본인

대마도 · 115

대마도의 발자취 · 116

이산가족 · 117

그땐 그랬지 · 118

참된 삶 · 119

도시 사람들 · 120

설왕당 · 121

산행 · 122

하얀 천사 · 123

한 지붕 · 124

워싱턴 · 125

미국 오하이오 주 · 126
애쉴랜드 신학대학에서

애쉴랜드 대학 · 127
오하이오주

하와이 · 128

제7부 | 서울–강릉 KTS(평창 올림픽) –역대 대통령 이야기

평창 동계올림픽 · 130

서울–강릉 KTS에 몸을 의지하고 · 131

자연과 함께 · 132

숲의 소리 · 133

무궁화 · 134

새들의 웃음소리 · 135

역대 대통령 · 136
꿈

이희두 시집해설

'즐거운 고통'이라는 역설 · 143
호병탁(시인 · 문학평론가)

제1부

봄의 노래

봄의 노래

봄이 오고 있다
양지바른 언덕에
아름다운 꽃들이
여인네 가슴처럼
터질 듯 봉오리를 맺고
벌, 나비를 부른다
산과 들 계곡에는
웃음꽃이 활짝 피고
합창의 메아리는 울려 퍼진다.

봄

새 생명이 기지개를 펴고
꽃망울을 싹틔운다.
삼천리 금수강산에
무지개 색깔의 꽃이 피었다
오천만이 꽃에게 윙크를 한다.
모든 사람들의 꽃이 되어
웃음꽃이 되어 버렸다.

봄이 오는 길목

봄소식을 알리고 있는
덕유산 푸른 농장 아래 개울
가재, 다슬기의 즐거운 놀이터에
개구리도 끼어들어 좋아하고 있다.
옆에서 숨바꼭질 하다가
고개를 내민 버들강아지
살며시 흔들대며 미소 짓는다.

농장에는
복숭아, 살구, 매실, 진달래, 목련이
으-사사 기지개를 펴고
무지갯빛 꽃소식으로
벌 나비를 부르고 있다.
나도 부르고 있다.

꽃망울의 속삭임

창밖에서 스르륵 소리
봄이 온다고 노크를 한다.
흙이 몸푸는 소리
꽃망을 터지는 속삭임
피아노의 아름다운 화음이
귓가에 다가와 이야기한다.
저멀리 아지랑이가 아롱거리고
앞, 뒷산에서 기지개를 펴고
울긋 불긋 꽃 천지로
색동저고리로 갈아입었다.
도시의 사람들 치마가 짧아지고
농부는 포슬 포슬해진
논밭을 갈아 씨를 뿌린다
씨는 우리의 생명이다.

물水

물방울의 동공이 흔들리고 새벽이 바람처럼 노크를 할 때
한 번도 울어본 적 없는 푸른 울음이 연기처럼 하늘로 피어올라
목 메이게 뚝뚝 떨어지는 구름 한가운데 서 있을지라도
인생의 아픈 순환으로 끝없이 남아 있음을 기적처럼 감사하리.

네가 가는 길이 강이든 바다든
물비늘 반짝이며 헤살치는 너에게
나뭇잎의 초록언어로
끝까지 넘치는 사랑의 노래를 불러주리.

흐르는 물결에 사랑 노래가 낙엽으로 실려 가고
세상이 얼어붙는 겨울이 다가와
눈 속 얼음 되어 죽음처럼 움직이지 않더라도
너를 향해 춤추는 내 사랑은 멈추지 않으리.

이 한 몸 으스러지도록 천국을 향한 계단을 밟으며
너와 함께하는 순간과 순간
뜨거운 키스로 사라지지 않을 생명을 품으리.

* 필자는 1973년 '물水은 生命이다.' 라고 주장하면서 머지않아 우리나라도 이대로 간다면 물 부족 국가가 되어 물까지 대중화되어 사고팔게 된다고 하였다.
환경과 물, 물과 인간이 함께 생존할 수 있도록 지하수를 잘 보호하고 물을 아끼고 댐을 균형있게 잘 만들어 물을 지키고 보전해야 할 것이라고 생각한다. 물水에대해 관한 시詩를 노래하면서 앞으로도 언제든지, 어디에서든지 물水의 소중함을 인식하고자 한다.

노란 꽃의 노래

봄을 기다렸다는 듯이
탱탱한 꽃봉오리는 터져 나와
초원 위에
노란색으로 색칠을 한다.

잎 세는 햇살을 모아
제 몸을 살 찌우며
온 세상에 물감을 칠하고
산과 들에는
아름다운 멜로디가 울려 퍼진다.

지구가 변했다

지구가 변했다
봄이오니 새싹이 고개를 들고
빠르게 옷을 갈아입었다
알록달록 변하여
연인들을 불러 모으고
봄소식과 함께
당신에게 속삭이고 있다.

춤추는 목련화

춤추는 목련화
솜털 같은 꽃봉오리
하늘 백지 위에 활짝 피었다.

꽃향기에 모두 취해버리고
오케스트라의 연주가 시작된다.
춤추는 목련꽃 속에
온 세상은 꽃향기에 멈추었다

민들레

길가를 걷노라면
민들레가 웃는다
민들레처럼
훨훨 날아 세상 구경하고
많은 사람들에게 전해준다
길가에 밟힌 민들레는
시련을 견디며
힘차게 살아남아
세상 사람들에게
좋은 이야기 전해준다

아지랑이 아롱거리는 봄

100세가 된 아버지 무술년武戌年

저 멀리서 아지랑이가 손짓하며
봄소식을 알린다
황금 개띠의 해 무술년
아버지가 100살이 되셨다.
젊은 시절에는 만주에 들어가셔서
만주 벌판을 호령하셨던 아버지
대나무 같은 성격으로
어려운 시절 잘 견디시고
자식 교육에 전념해서
부모 도리를 잘 하셨던 분
지금도 한 획 흐트림 짐 없이
바르고 정직하게 사신 분
자식들에게 불편하지 않게
노력하며 요양원에 계시지만
우리가 헤어진다 해도
아버지가 살아왔던 그 발자취
우리는 그 길을 잊지 않을 것이다.

제2부

도시와 농촌
(서울-평양)

도시와 농촌
서울-평양

평양에 다녀온 후
휴대폰에 문자가 들어왔다.
"도시와 농촌"
다녀 오심을 축하합니다.
– 대통령 노무현 –
서울과 평양
평양은 농촌
서울은 도시

평양 칠골교회

평양 칠골교회에서
남북 연합으로 예배를 드리고
하나 된 목소리로 찬양을 하며
55년 만에 예배와 성찬식을 함께하고
남북의 크리스챤 손에 손잡고
눈물로 기도하며
평화 통일이 이뤄지기를
간절히 소망했던 기도가
헛되지 않기를 소망한다.

개성 자남산 여관

남북 출입국 관리소
개성공단으로 향하는 발걸음
평화통일의 희망을 갖고
삶의 현장으로 재촉한다.
한국 성직자 대표들과
조선 그리스도 연맹 대표
한자리에 앉아 기도하고
남북교회 연합 성회를
평양 봉수교회에서 하기로 합의하니
남북을 하나로 묶는 꿈을 이루고
개성의 거리는
희미한 불빛만 아롱거리며
붉넋동포들의
따뜻한 날이 오기를 기대한다.

양각도 호텔
대동강

대동강과 함께하고 있는
양각도 호텔
잘 정리 정돈된 주변환경
그곳에서 잠을 청하고
창밖을 보니
평양 시내가 한눈에 들어온다.
대동강은 말없이 유유히 흐르고
어디서 달려왔는지
다정하게 다가와
귓가에 속삭이는 대동강

평양 아리랑 축제

인천공항을 아시아나 비행기가 떠나
평양 순항공항에 도착하고
순항공항에서 기념사진을 찰칵
아리랑 축제가 열리고 있는
능라도 체육관
한핏줄 한민족
여러분을 열렬히 환영한다고
수많은 사람들의 카드섹션
우리들을 놀라게 했다.
아리랑! 아리랑!
아리랑 고개가 넘어간다.

금강산

금강산 관광이 시작되는 날
해상을 통해 도착하여
금강산 구석 구석을 마음에 담았고
너무나 아름다워 취해 버렸다.
조선그리스도연맹 강영섭 위원장과
금강산 회관에서
남북 기도회를 갖고
손에 손잡고 우리의 소원은 통일
한목소리로 불렸던 그날이
머릿속에서 마음속에서 지워지지 않는다.

토지

땅이 있고
땅 아래 물水이 있다.
사람과 땅, 물은 한 몸되어
모든 것을 가슴에 품고
변함없이 하나 되어
건강한 삶을 살게 하고
부유하게 만든다.
영원히, 영원히

땅

세상의 모르는 것이 없어도
모른척하고 있는 땅
나를 아프게 해도
잘 참고 견디어 내는 땅
지구는 돌고 돌아도
제 자리를 지키고 있다.

하늘과 땅

하늘 위에 하늘 있고
하늘 밑에 사람이 있다.
사람 아래 땅이 있고
땅 아래 땅이 있다.

땅 밑에 바다가 숨 쉬고
바다 밑에 생명이 있다.

생명은 생명이고
하늘은 하늘이고
바다는 바다고
땅은 땅이다.

농부

땅은 나의 전부
땅을 보며 땅을 가꾸며
한 알의 씨앗을 심는다.
땅은
풍성한 열매와 함께
살아가는 힘을 가지게 한다..
땅은
농부의 마음을 쌀찌게 한다.

제3부

촛불, 교회

촛불(1)

새해를 맞아
촛대에 불을 붙여
살며시 키스하니
하 – 얀 몸뚱이 실하나에
불이 붙는다
촛불은 자기 몸을 희생하고
어둠이 거치고
세상이 밝아진다.
하 – 얀 몸을 태우며
새날이 왔다고 –
무술년 새해에도
선한 일을 하자고
촛불의 의미를 되세김질한다.

촛불(2)

촛불이 생각난다.
아롱거리는 촛불 아래
책을 벗 삼아 긴 밤을 지세 왔는데
이제야 촛불의 의미를 알게 되었다.
전국에 세 사람들이 몰려와
광화문 거리에서 청와대를 향하여
이백만 국민들이 한목소리로
대통령직을 내려놓으라고 촛불을 들었다.
촛불은 내일의 시간을 위한 빛나는 불이다.
내 한음을 뒤돌아보지 않고 녹인다.
녹아내는 촛불은 시간을 만들고
눈물도 보이지 않고
맨 마지막 자락에서 기다리며
희망을 가져본다.

2016년 10월부터 12월(최순실 국정농단) 오천만 국민이 지켜보는 가운데 법원에서는 12월 4일(土) 청와대 100m 지점까지 촛불집회 허용을 했다.
촛불 집회에 모인 국민들은 전국 각 도시에서 박근혜 대통령의 퇴진과 하야 구호를 외치며 집회를 가졌다.

촛불의 의미

새로 탄생된 촛불 정부
촛불과 국민의 힘으로 탄생되고
촛불처럼 꺼지지 않는
하 – 얀 몸을 불태워
세상을 밝게 따뜻하게 해주고
제일 낮은 곳에서 불을 밝히고
오천만 국민들 환한 웃음 짓는
손에 손잡고
경제를 살려 부강한 나라로
힘을 모아 잘 살아보세

태극기와 촛불

광화문 일대에
태극기가 바람에 휘날리며
바닷가의 파도처럼 물결이 넘쳐흐른다.
태극기를 손에 든 인파들이
박근혜 대통령 탄핵 반대를 외친다.
경찰 차벽을 경계 삼은 광화문 DMZ
북쪽엔 촛불이
남쪽엔 태극기가 일렁인다.
부모들은 태극기를 들고
자녀들은 촛불을 들었다.
한 가정이 두 갈래로 나누어져
태극기와 촛불이
대한민국의 심장부에서 다투고 있다.

꿈
무술년武戌年 새해

무술년 "황금 개"의 해
일월 일일 꿈을 꾸었다.
온 가족이 함께하고 있는데
대통령 활짝 웃으며
우리 가족에게 다가왔다.
대통령과 사진을 찍고 손녀는 싱글 벙글
광화문에서
촛불을 들고 함께 했고
대통령 선거때는 어린아이가
촛불 대통령! 대통령 촛불을
목이 쇠도록 외쳤으니
더 좋아한 것 같다.
무술년 '황금 개'의 해 5살이 되었다.
기분 좋은 꿈을 꾸고 나니
ART 창가에서 까치가 날으며
기분 소식을 전하고 있다

대통령 탄핵 가결

최순실 국정 논단!
박근혜 대통령 탄핵!
국회의원 234명 찬성 압도적 가결
2016년 12월 9일(금)
박 대통령 오후 7시 3분부터 권한 정지
전국 도시와 광화문에 모인
국민 이백삼십이만 명
6차 촛불 들어 탄핵 이끈 촛불 혁명
야권에는 국민의 승리 날
시민혁명 승리라고 좋아한다.
박 대통령의 운명은 헌법재판 손에 달렸다.
2016. 헌 나1(탄핵심판 접수번호)

희망을 위해

대한민국이 어려움과
국민이 분노했던 2016년
태양은 뜨겁게 붉게 타고 있으나
태양은 서서히 지고 있다.
지구촌의 분노는 아랑곳없고
북한은 미사일을 생산하여
마구잡이로 쏘아대며 위협하고
한국 정치는 수렁에 빠져들어
뒷걸음질하고 있는데
병신년丙申年이
서녘으로 기울어지고 있다.

그날

평화가 있기를 기도한다.
정치인은 정치인 데로
대학가에선 민주화를
학생들은 최루탄을 맞고
녹음이 짙은 유월
유월은 어수선하다.
대한민국이 잘 되는 길에
평화를 위해 한 몸 던져보자.

교회

우리와 함께하는 교회
영혼을 구원하는 교회
사회와 함께하는 교회
어려운 이웃과 같이하는 교회
사랑으로
성실하게 마음을 다하여
하나가 좋아하는 교회.

예배당

예배당에서
하나의 음성이 귓가에 속삭이고
예비해 놓았으니 인내하라고 한다.
예배당에는
웃음과 평안과 기쁨이 있고
흔들리지 않는 반석 위서
소금과 빛이 되라 하신다.

부활절

예수 아기 탄생
낮아지고 회개하고 마음을 비우고
용서하고 빛을 주고 아픔을 같이하자
어려움을 같이하고 무릎 꿇고 기도하며
지구상의 살고 있는 우리.
부활절을 맞아
새로운 사람이 되어보자

달려야 산다

무술년武戌年

무술년 새해 아침
거울을 보고 안녕한다.

자연이 생동하는 아침
시원한 공기를 심호흡하며
하늘을 보고 땅을 보며 달린다.

모두가 건강하고
모든 일이 잘 풀리는 황금개의 해
좋은 일 만 많이 있을 것 같다.

한탄강

남과 북을 가로지르고 있는 한탄강
말없이 흐르고 있다.
폭포수처럼
이끼가 끼지 않는 삶

어느 성직자의 외침
애타게 부르짖는다.

성직자의 모임에서
한탄강의 명칭처럼
한탄하며
애절한 기도 소리가 울린다.

하늘이여 힘주소서

개미와 같은 사람
하늘에서 나는 독수리같이
먼 훗날을 설계하는
좋은 목자가 되게
하늘이여 힘을 주소서

제4부

낮과 밤

낮과 밤

낮에는
밤에 볼 수 없는 것을 보고
밤에는
낮에 볼 수 없는 것을 본다.
낮과 밤은 그래서 좋다.

인연

인연이 되어
만남을 가지고
삶 속에 일부가 되었다.
사람은 자연을 만나고
종교는 예술을 만나고
만남으로 풍성한 열매를 맺는다.
아름다운 인연
종점역까지 탑승하기를 기대해본다.

빗줄기

빗줄기가 쏟아지고
버들강아지는 생기를 얻어
바위 고개를 넘어
물줄기는 졸졸졸
송사리는 제철을 만난 듯 힘차고
나도 물가에 앉아
송사리가 되어본다.

무더위

더위는 열기를 토하고
앞집 어린아이는
목청이 터지라 울어만 대고
46년 만의 무더위 연일 37-8도
꽃나무는 더위에 지친 듯 고개 숙이고
밭가에 수수는 생명을 다했다.
화단 위 채송화는
따뜻한 열기가 좋아
방긋방긋 웃음 짓고 있다.

사랑하자

살아 숨 쉬고 있는 자연
너와 네가 같이 있고
생명이 있다.
사랑하고 사랑할 때
세상이 보이고
영혼의 세계가 보인다.

하나

길고 긴 어두운 잠에서
힘차게 깨어 나는 새싹
티 하나 없이
깨끗한 보석처럼
세상을 향해 빛을 주고
목이 긴 사슴처럼
코스모스처럼
세상 영혼 구원을 위해
미소 짓는 하나
세상의 어둠을 물리치고
천사와 같이
당신의 일꾼이 되어
주께서 부르는 그날까지
우리는 하나 속에
하나만을 바라보며 살아보자

이제야 알 것 같네요

이제야 알 것 같아
이제야 이해할 것 같아
주변 사람들의 생각을 알게 되니
새로운 세상이 보인다.
더욱더 큰 사람으로
훈련이 되고 변화되어
세계가 한눈에 보인다.

상호작용

사랑에는 상호작용
사랑하고 받는 중에 완성되며
사랑에는 십자가가 따르고
자기를 희생해야 한다.
사랑에 응답하고
밀알이 되고자 하는 마음만이
복된 삶을 살아갈 수가 있다.
더 큰 사랑을 받을 수 있도록
실천하며 살아가는 상호작용

좋은 일이

눈을 뜨고 나면
좋은 일이 있기를 기도한다.
좋은 사람과 만나
좋은 일을 좋은 이야기를
하루가 이어지기를 기대하며
오늘도 말없이 노력해본다.

모악산

모악산 정상을 향해
눈이 내린 산길을 걷는다.
주변 나무들이 하얀 옷으로 입고
새 신부처럼 조용하다.
등산길은 미끄럽고
가까운 곳에서 소리가 들린다.
가슴을 펴고 심호흡을 하니
세상이 다 좋아 보인다.
모악산의 정기가
내년에도 이어지기를 기대해본다.

가뭄

소낙비가 창가를 두들긴다.
오랜 가뭄 끝에 내리니
모든 사람들 좋아한다.
사십 년 만의 가뭄으로
수많은 사람의 애를 태웠다.
논 · 밭의 작물들이 기지개를 펴고
동 · 식물들이 방긋 웃는다.

태양은 뜨겁고

뜨거움에 지겨워
고개를 숙이고
열기를 이겨내기 위해 인내하며
여름밤을 보낸다.
농작물은
뜨거운 햇살을 받으며
더욱 굳게 뿌리를 내린다.

참고 이겨내면
기쁨이 있고 풍성함이 있기 때문이다.

재래시장

재래시장
가난하든 부자이든
시장으로부터 삶이 시작된다.

낮은 곳에서 눈을 떠보며
세상이 보이고
마음의 풍요를 느낀다.
허름한 재래시장 모퉁이
국밥집 서민들의 역사가 있다.

물水

우리 육체는 물水
계곡마다 넘치게 흘러
개울을 지나 강과 바다가 친구가 된다
물은 귀한 생명수生命水
자연을 보호하고 절약해서
후대에게 물려줄 수 있도록
보존하고 관리를 잘해
지구촌의 사람들에게
행복의 씨앗을 심어주자

고목나무

하루를 뒤돌아보며
어린 나무가 아니라
든든한 고목나무가 되어보자

춥고 어려움도 있지만
따뜻한 햇살 비치는 날도 있음을
사람다운 소리를 들으며
내일의 행복을 위해
큰 나무가 되어보자.

빛

만물이 알알이 익어간다.
태양은 더욱 빛을 발하고
빛이 창문을 노크 한다.

천지 만물을 창조하고
풍요한 물질과 함께
아름다운 자연을 주셨다.
인간이 자연에 굴복하게 하고
입술에서 고마움과 감사가 있고
빛으로 우리를 일깨워서
사람답게 살게 하고 있다.

비가 내리네

비가 내리고 나면
얼마나 추워질까
가을비를 맞으며
거리를 걸어본다.

거리는 한산하고
조용히 침묵 속에
자신을 뒤돌아본다.

추워지는 밤을 이겨내기 위해
차가운 바람이 스며들지 않도록
두꺼운 외투를 준비해보자.

허전한 마음

목적 없이 걷는다.
하나인 것을 느끼며
마음속에는
가진 것이 하나도 없다.

하나님과 이야기하며
영원한 삶을 위해
마음속에 들어와 이야기해준다.

비우자

마음을 청소하고
비우고! 비우자

웃어주고 희생할 수 있는
남을 배려하는
욕심과 사리사욕을 버리자
사랑받는 그러한 사람

세월

세월 속에
나이테가 늘어난다.
살아온 지난날들
왜 이렇게 짧게 느껴질까?
후회하지 않는 삶이 되어보자고
세월을 붙잡아 본다.

둥우리 사랑

창밖에는
성냥갑처럼 싸인 둥우리
둥우리에서 하루가 시작된다.
둥우리 속에는 사랑이 있고
아비는 먹이를 찾아 나서는데
하늘은 높고
구름 한 점 없는 푸른 하늘
내 마음도 둥실둥실
둥우리의 사랑은 웃음꽃이 핀다.

길

하늘에도
하늘길이 있고
땅에도 땅길 이
바다에도
바닷길이 있네

KBS 사랑의 삼각 끈

서울 KBS에서
사랑의 삼각 끈이 방송되고
코미디언 임하룡 씨가
어려운 이웃과 함께하고 있는
이희두 목사를 소개했다

전국에서 많은 분들이
격려 전화를 해주어
행복한 시간이 되었고
봉사하며 살겠다고 다짐한다

※ 주변의 소외된 가정을 찾아 위로하며 그들의 삶을 개선하여 사람다운 생을 살아갈 수 있도록 뒷받침하기 위해 노력하고 있는 목회 현장을 찾아 KBS TV가 촬영하여 전국에 방송함

김치

한국인이 좋아하는
내가 제일 즐기는 반찬
고기와 생선도 아니요
어머니의 손맛이 풍기는
김치가 없으면 못 살겠다고
식당을 찾을 때는
손맛이 나는 곳을 찾는다
식욕을 돋우어주는
세계인의 기호식품이 되어
대한민국을 널리 알리고
김치가 사랑을 받고 있다

※필자는 1973년 친구들에게 이러한 일을 하라고 했던 이야기가 생각난다. 김치 공장 만들어 국내시장에 판매하고 해외 수출을 해서 외화를 벌어들이며 좋은 사업이 될 것이라고 주장하며 권한적이 있다.(지금 김치 시장을 보면 맞는 이야기다.)
또한 지하수를 개발 생수공장을 세워 생수生水를 사우디로 수출하고 국내시장에도 판매하는 시대가 올것이라고 했던일이 있다.

제5부

그대의 눈빛 속에서

그대의 눈빛 속에서

그대의 눈빛 속에서
내 꿈이 커지는 날
하나님이 감미로운
날개를 달아주셨지

그대의 가슴팍에
내 열정이 피어나는 날
하나님이 평온한
시냇가로 날 이끄셨지

세상사 모든 게
쓰라린 아픔일지라도
그것 마저 아름다움이라고
하나님이 풀잎을
토닥이는 소리를 들으며
내 영혼이 맑아졌지

삶의 보람

내일이 없는 사람
삶의 보람을 찾을 수 없고
어려움을 경험하지 못하면
성공의 열매를 거둘 수 없으며
행복을 찾기 위해
노력하고 근면하는 사람
축복이 찾아온다
오늘은 다시 오지 않으니
하루를 열심히 살아보자

가을 이야기

여기저기 알알이 익어
먹을거리를 주고 있는
가을은 풍성한 창고
강가에는
하늘을 담은 산수화가 있고
아른거리는 물무늬
시원한 바람은 마음속에 머문다
고추잠자리는
온몸에 가을을 싣고
내 마음에 다가온다
강가에 앉아 있으면

홍시감

양지바른 산자락에
외로이 서 있는 감나무
먹음직한 홍시는 환하게 웃고 있는데
앙상한 나뭇가지는 힘겨워한다
맛있게 달려있는 홍시는
사랑받고 싶다고
산자락 언덕에 걸 터 있는 해
산등성이로 숨바꼭질한다

내 마음속에

내 마음속에 있는 사람
나를 혼동케 하여
내 꿈속 아름다운 정원에서
나의 곁에 있지만
항상 보고 싶고 그리워
하늘을 보니
해와 달 하얀 솜털 구름이 흘러가고
땅을 보니 물이 흐르고
수많은 생명체가 짝을 찾아
행복한 하루를 보내고 있다

국화꽃

국화꽃이 나의 마음을
가을 속으로 인도한다

아름다운 국화꽃은
가을 우산 속에서 활짝 웃고

국화꽃 속에서
가을이 왔다고 노래한다

노오란 국화 속으로
연인들이 찾아와

내일을 약속하며
국화꽃 향기에 추억을 만든다

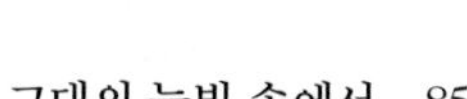

동행

바둑판처럼 잘 정리 정돈된 길거리
여기저기 높게 솟구치고 있는 빌딩
빌딩 숲속에 우리가 있다

그 속에는 희로애락이 있고
우리네 숨결이 있다
인생이란 그렇고 그런 것
우리들의 삶 속에

둥글게 돌아가는 그 속에서
너와 내가 함께 있고
동행하는 그 속에
하늘과 땅이 있다

그리움

강렬한 태양이
서서히 저물어 간다
산기슭에 얼굴을 가리고
수줍은 듯 살며시 내밀고
아쉬운 마음으로
헤어지기 싫어
등 너머로 숨어 버린다

색동저고리

무지개 색깔의
곱디고운 아름다운 색동저고리
세차게 불어오는 손님 때문에
어 예쁜 옷들이 벗겨지니
하늘도 땅도 깜짝 놀란다.

겨울 이야기

흐르는 냇가가 꽁꽁 얼어
좋아하는 스케이트장이 돼버렸다
온몸을 움츠리며 숨소리를 들어보니
얼음 속에 흐르는 물소리
변함없이 겨울 이야기를 하고 있다
저 멀리 흐르는 물가에는
겨울새 친구들이 옹기종기 모여
먹이 사냥을 바쁘게 하고 있다
갈대들의 합창 소리와 함께
힘없이 서 있는 나뭇가지들은 힘겨워 한다

팔팔 올림픽

한강이 유유히 흐르고
한민족의 핏줄 위에
세계 160개국의 나라가 손잡고
젊은이들이 한자리에 모였다
세계 인류의 함성소리 잠실 운동장
오륜기를 앞세운
무지개 색깔의 사람들
무지개 같은 사랑으로
한마음 되어
성공적인 올림픽이 되기를 기도한다

* 1988년 9월 17일부터 10월 3일까지 17일간 오륜기를 앞세우고 잠실 운동장에서 올림픽이 있었다. 160개국 나라가 참석했는데 대한민국은 4위에 올랐다.

조용한 아침

가을 냄새가
가을을 재촉하고
귀뚜라미의 소리가 난다
태양이 비쳐주고 있는
조용한 아침

가을의 소리 때문에
빨간 고추가 빛을 발한다
낙엽이 황금빛으로 물들었다

연탄이 앞마당에 쌓였다
연탄은 빨갛게 불을 토하고
자신을 희생시켜
열매 속에 정열 낳으니
인간과 자연이
향기로 조용한 아침을 연다

모악산에서

어제와 오늘 때 묻은 허물
나의 임은 용서하실까?

모처럼 오른 모악산에서
이팝나무 꽃잎이 흩어진 마음
손질해 주는데
정녕, 나의 임은 어디에 있는 걸까?

하얀 구름,
그대의 얼굴처럼 아련한데
아무것도 가진 것 없는
빈 가슴을
이제 와 포근히 안아주실까?
바람에 밀리어 바람처럼
소나무를 키워 온 바위는
얼마나 진한 피를 흘리며
이 자리에 고고하게 서 있는 걸까?

저 푸른 하늘 쪽 구름에
땀내 풍기며
발걸음 그대 곁으로 향하는데
정녕, 나의 임은 내 가슴에서
어디를 향해 오고 있는 걸까?

가을

열매의 계절
낙엽들이 한 잎 두 잎 떨어지는 가을
가을에는 비옥肥沃한 대지에서
창고에 가득 채우는 시간이 되고
세상 사람 모두가 넉넉했으면 좋겠다

한 시대는 흘러

한 시대는
강물처럼 흘러 흘러
하늘나라로
시간을 흘러가고
시간 속에 하루도 저물고
새로운 시대가 다시 열려
생명체의 씨앗이
자연과 벗 삼아 숲을 이뤄
그 속에서 울타리를 만들어
한 시대를 살아간다
모든 생명체는
돌고 돌아 한 시대를 이룬다
돌고 도는 세상
한바탕 큰 웃음으로 세상을 보자

갈대

무엇을 생각하고 있는지
갈대에게 다가서서 물어본다
갈대는 외로워 울고
그의 몸은 하얀 나래를 피고
하늘을 날으고 있었다
깊은 산속 외딴곳에 외롭게
하루를 보내며
깊은 산속 홀로 살아가고 있다
살아간다는 것은 힘들지만
희망을 갖고 살아가는 것이라고
살아간다는 것은
구름과 천둥 햇살을
내 자신이 받아들여야 한다

하얀 세상

온 세상이 하얗다
하얀 세상에 발자국을 남기고
하얀 들판을 걷는다
하얀 눈빛 서린 세상
이곳저곳에서 아우성
농촌에는 비닐하우스가 무너지고
도시에는 빙판길로 인해
어려움을 겪고 있다
솜털 같은 눈이
우리를 사랑으로 안아주고
서로서로 하얀 마음으로 살자 한다

멋진 그림

온 세상이 백설로 덮였다
지붕 위에 나뭇가지 자동차에
모든 도로가 숨이 막혔다
산과 들 하얀 캔버스 위에
발자국을 남기며
멋진 그림을 그려본다

제6부

코스모스 / 워싱턴(애쉴랜드 대학)

코스모스

세월이 흘러도
죽지 않고 피어나는
저 곱디고운 가냘픈 여인이여

겨레의 가슴속 등불로
활활 타올라
첫사랑처럼 빛나는 그리움이
맨 가슴을 파고 들 듯
바람이 부는데
의기인들 어떠하며
부실인들 어떠하리

조국의 부름받고
뜨겁게 목숨 바친 내 사랑이여
그대의 숨결에
뜨겁게 안기는 날,
밤인들 어떠하며
낮인들 어떠하리

이미 그대는 구국의 여신
아리따운 호국의 성녀로
천도 만도 더 넘게
붉은 무궁화로 춤추는데
진실로, 진실로
의롭게 죽어간 당신은
소리 없이 빛나는 꽃이요,
가을 햇살에 찾아드는 드높은 하늘이라

논개 생가는 희망

희망의 상자를 들쳐라*
하얀 보자기에 눈부신 생명이 눈을 뜨는데
보지 못하는 자 눈 뜬 장님이니
마음의 현미경을 보고
마음의 망원경을 들고서
저토록 푸른 강산을 보아라
수백 년이 지난 지금
논개의 정신이 없었다면
이곳이 왜놈들의 치욕스러운
탐욕 안에 가둬 있었을 테니,
그대여, 논개님의 얼은 우리의 푸르름이다
순수하고 고운 꿈을
키우고 가꿔
대한민국의 푸른 동산에
맘껏 튼실한 나무를 심자
희망의 상자를 힘차게 열어
5천만이 희망 안에서 놀자꾸나!

---

* 들쳐라 : "열어라"의 사투리

나비로 살아라

인생의 훈장
나이테에 줄을 긋고
머리는 하얀 백설
그러나 마음만은 청춘
동심 속으로 돌아가서
훨훨 나비처럼
날고 나면
지구촌이 청춘이다

개울

빗줄기가 대지를 흠뻑 적시고
자연 속의 생물들은 온몸을 씻어내고
생기를 얻어 힘찬 발걸음을 한다
개울가의 송사리 떼 속에서
흘러내리는 물소리가
선명한 피아노 소리 화음이다

송사리는
제철을 만난 듯 힘차게 뛰놀며
송사리가 되어
물속에 빠져들어본다

인연

삶 속에 인연이 되어
한 몸이 되어 변함없이 만난다
삶 속에서
자연, 사람, 예술, 종교를 만나
좋은 인연으로 열매를 맺고
아름다운 만남으로
힘찬 하루를 살아보자

야생화

외롭게 쓸쓸히 서 있는 야생화
돌보지 않고 쳐다보지도 않는
언덕 위에 홀로 서 있다

엄동설한을 이겨내고
꿋꿋하게 살아남아 속삭인다
환경이 좋지 않았다고
눈물 젖은 빵을 먹어보지 않고는
사랑을 말할 수 없다고 한다

짓눌리고 어려움 있어도
참아내고 인내해서
숨 쉬고 있는 그들을 향해
웃음을 전달하는
야생화처럼 살아보자고
살며시 다가와 속삭이네

KBS와 만남
(남산)

남산을 향해 걷는다
케이블카가 올라간다
충무로의 거리를 걸어본다
남산에 있는
서울 중앙 방송 KBS를 향했다
KBS Radio 백만인의 퀴즈 방송에
신청서를 내고 기다렸다
방송이 시작되고
KBS ANN 강창선 씨가 사회자
차례가 돌아와 나가니
예수님 탄생한 곳은 어디냐?
시골에서 소를 키울 때 생각이 나
마구간 "말 구유"라고 대답했다
딩동댕 맞추었다
방학이 되어 고향에 오니
코흘리개 친구들이 내가 출연한 것을
라디오를 통해 들어 신기했다고
성년이 되어 KBS 방송 ANN이 되어
사회자가 되었다.

그 시절
(결혼식)

미국을 그리워하며
큰 꿈을 가졌던 그 시절
서울 중심지 광화문
코리아나 호텔 예식장
1977년 12월 28일 한 해가 저물어 간다
대한민국 대중 스피치 대부
변우량 국회의원 주례 말씀
KBS 성우 엄주환 친구가 사회를 보고
결혼예식이 끝나고 나오니
하얀 눈이 전국을 덮었다
솜털 같은 하얀 눈이 축복을 해주었다

삭발을 하고

머리를 삭발하고 찾아간 청년
고향의 국회의원과 마주앉아
반가운 인사를 나누고
군에 입대한다고 전했다
고향 발전을 위해 이야기를 나누며
농촌 경제 활성화를 위해
농산물 유통 센터를 만들면 좋겠다고
아이디어를 제공했다
한 시간 넘게 지역 살리기를 토론하고
열차에 몸을 싣고
논산 훈련소에 입소했다

이름 짓기

어릴 적부터 생각이 많아
깊은 고민에 빠져들곤 하였다
사람으로 태어났으니
사람답게 사는 것이 어떻게 사는 걸까?
잘살아야 하는 방법이 무엇일까

모든 사물을 연구하면서
어린 나이에 개똥철학을 했다

성직자가 되면서
명칭을 많은 사람들에게 지어주었고
모두가 큰 복을 받아 살고 있다

세월은 흘러가고

세월이 흘러가고 있는데
온갖 잡초들은
봄, 여름, 가을, 겨울
계절 따라 새 옷을 갈아입고
비, 바람, 눈보라 속에도
넘어지지 않고
늠름하게 지키고 있다
온갖 동물들과 잡새들을
가슴에 품고
자연과 함께 등을 맞대고
사람들과 호흡하며
친구가 되어 한 시대를
변함없이 살고 싶어 한다

일을 한다는 것은

일을 할 수 있다는 것은
살아 있다는 것이다
백세시대
백세까지
일을 한다는 것은
많은 질병과 싸워 이겨야 한다
주변 사람들과 타협하지 않고
모든 길은 쉽게 갈 수 있는 길이 없다
미래를 향해
건강하고 활기차게
내일을 위해 살아보자

바다

망망한 바다
바다 위의 파도는 춤을 추듯
출렁거리고
이만 톤 급 육중한 배도
파도를 타고
망망 대로를 항해한다

저 푸른 바다는
무슨 생각으로 살아갈까?

개미의 나라
일본인

작은 체구의 그들
개미처럼 절약하고 근면한 생활로
개미 동굴처럼 깔끔하다
베짱이처럼 요란스럽지도 않고
없는 듯 조용하다
그들은 어떠한 나라를 만들 것인가?
베짱이들이 웃고 있지만
어둠 속을 헤치고
개미의 나라를 열어보자

대마도

푸른 청춘 키운
대마도의 편백나무 숲
자꾸만 사랑을 고백해서
몸뚱어리를 두 팔 벌려 안으려 하니
내 품에 들어오질 않는다
나이가 들어서일까?
마음이 변해서 일까?

대마도의 발자취

대한민국 국민이라면
대마도는 한국 땅,
대마도에
우리 조상들의 발자취가 남아 있고
여기저기에
조상들의 땀과 혼이 서려 있다
청춘이 흐른다

대마도
한민족이 찾아야 할 땅
언젠가 우리의 품으로
돌아올 날을 손꼽아 기다려 본다

이산가족

오늘도 오지 않고
마음만 애태우는데
왜 기다리고 있는가?

부모님의 환상
가족들의 환상
사랑하는 이의 품,
언제 이 그리움을 끝낼까?

죽었다가 다시 살아나는 것처럼
환호하고 기뻐하는
축제의 날을 기다려 본다

그땐 그랬지

할아버지, 아버지, 어머니를 생각하게 하고
논두렁, 밭두렁에서 메뚜기 잡고 잠자리 잡고
뛰어놀던 추억

보리밭에서 숨바꼭질하고 오디 따먹고
마음을 살찌우던 개구쟁이 친구
벼 이삭이 황금벌판을 이루고
콩 구워 먹으며 밤과 감이 발갛게 익어
입맛을 돋웠던 그곳

밭이랑에 고구마가 주렁주렁 열려
식사 대신 한 끼를 때우고
빨갛게 익은 고추는 마음을 더욱더 빨갛게 했고
소몰이하며 소와 함께 놀던 동산
해는 저물고 보리밥 한 그릇에 배를 때우고
재미있게 놀던 고향 집
옛일을 생각나게 하는 고향
초가삼간 풍요로운 우리 집
지금도 추억 속에서 지워지지 않는다

참된 삶

땅은 안녕하신가?
하늘에서 내려다보니
개미 떼들의 순례길
세상이 고되다

도시 사람들

휘황찬란한 감옥에
간혀 사는 사람들

들어올 때
나갈 때 금을 긋고

사람과 자동차가
기계 인간처럼 빳빳하다

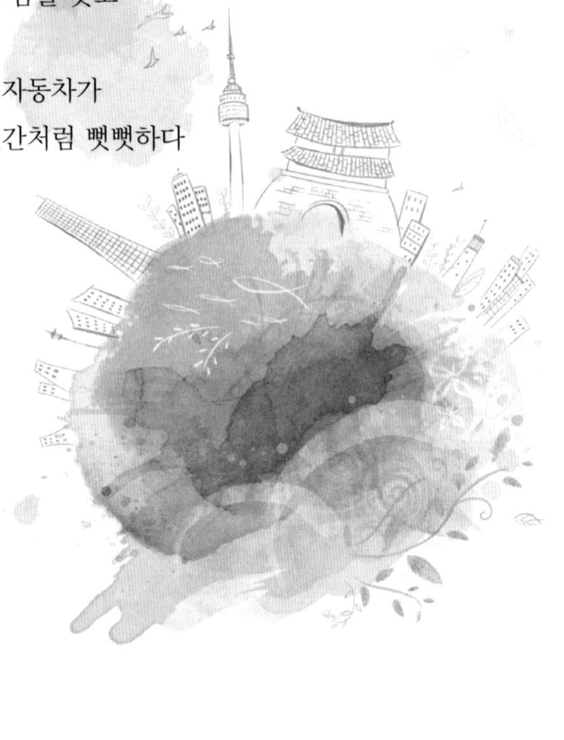

설왕당

시골 동네 어귀의 설왕당
돌무더기와 오색기가 널려있고
코흘리개 시절 친구와 함께
설왕당 앞을 지나면서
돌무더기에 작은 돌 하나를 쌓으니
안전하게 보호해 준다고
오늘 하루도 잘 되게 해 달라고
설왕당에 빌어 보았던
그때 그 시절의 친구였던 설왕당

산행

산이 좋아
산행을 하면
죽은 힘이 되살아나고
비틀거리는 내 삶도
어느새
꽃이 열리듯
몸속에서 향기가 절로 나네
산이 좋아
산행을 하면
허영 많은 먼지들이
도망을 가고
세상사 따르던 무리들
솜털 구름으로 변하여
둥실둥실 한없이 높아만 가네
내 마음도 흥겨워 절로 하늘이 되네

하얀 천사

하얀 눈이
수줍은 듯 살포시 내리고
하얀 천사가 찾아와
헝클어졌던 나의 마음에
하얀 눈송이처럼
차곡차곡 쌓인다
하얀 천사가 나에게 찾아와
꿈과 용기를 가지고
담대하며 거듭나라고
하얀 천사가
귓가에 속삭인다
내일이 있다고

한 지붕

어쩌다 보니 짝꿍이 되어
한 지붕 한 가족이 되고
눈만 뜨면 사랑의 노래
희망찬 하루가
행복한 발걸음을 재촉한다
많은 인파 속에 파묻혀
세상 돌아가는 것을 보며
깊은 가슴속에 쌓였던 숨을 내뱉는다
걱정하고 힘들었던 산등성이의
무거운 보따리를 내려놓고
손을 잡고
희망찬 발걸음을 옮겨본다

워싱턴

워싱턴
얼굴 색깔이 다르고
언어가 다르고
지구는 하나임에는 틀림없다

미국은 부자나라
미국에 있는 동안
대한민국의 외교관
대한민국은 작지만
국민은 자랑스럽고
국가를 위해 봉사하며
거대한 꿈을 실현하는
야망을 가져본다

미국 오하이오 주
애쉴랜드 신학대학에서

애쉴랜드 대학 기숙사에 짐을 푼다
벼룩은 디글디글, 냄새도 함께 뒹굴고 있다
그러나 주님의 음성이 나를 견딜 수 있도록
창을 만들어 주신다

대학 구내식당에선 최고급 요리가 나오지만
오히려 고통이다
"김치, 고추장, 된장만 나와라"
도깨비방망이가 없으니 나올 리 만무하다

그러나 기숙사와 조금 떨어진
중국집에서 특별 주문한 김치
주님의 만나다
주님은 이렇게 태초에 소박한 잔치에서
푸르게 성장시킨다

애쉴랜드 대학
오하이오주

도시와 농촌이 어우러져 있는
아름다운 교육도시
애쉴랜드 대학 캠퍼스
거대한 수목과
잔디가 잘 조성된 곳에
다람쥐, 토끼 작은 동물들이
숨바꼭질하며 자유롭게 뛰놀고
나도 하늘을 보며 뒹굴고 나니
세계가 보이고 하늘이 열린다
이곳이 선지동산이 되어
학문을 연구하는 동안
인연을 맺는 많은 사람들
한 생애 추억이 되어
짧은 생에 잊지는 않겠지

하와이 와이키키

하와이 낭만이 있는 태평양 바다
모래밭에서
태양열을 만끽하고
하얀 백조 같은 모래섬
수영복을 입고 태평양 바다를 안아본다
천국 같은 하와이 와이키키
수영복만 걸치고
와이키키 해변 거리를 걷는다
다시 찾고 싶은
하와이 와이키키

제7부

서울-강릉 KTX(평창 올림픽)
-역대 대통령 이야기

평창 동계올림픽

하–얀 백설 위에
아름답게 잘 꾸며진 평창
세계 각국 대표가 참가해
젊은 건아들이
무지개 색깔의 옷을 입고
하–얀 세상 백설 위에
손에 손잡고 꽃을 피우며
세계에서 가장 크고
세계적으로 평화로운 축제가
세계 정상이 참석한 가운데
92개국이 참가해서
2018년 2월 9일부터 25일까지 열렸다

서울-강릉 KTX에 몸을 의지하고
(2017년 12월 22일 KTX 개통식)

서울의 중심지 서울역
하늘 높은 줄 모르고 솟구치고 있는 빌딩 숲
전국의 사람들이 모여
만나고 헤어지고 웃고 슬퍼하는 곳
서울역 파발마에서
이천십칠 년 십이월 이십이일
여덟시 일분 첫 KTX가 강릉을 향해 달린다
많은 산속 터널을 통과하고
이천 십팔 년 동계올림픽이 열릴
평창역 주변에는
세계에서 찾아올 손님을 맞이할 준비에 바쁘고
강릉의 시원한 바닷바람을 안아본다

자연과 함께

자연에 도취되어
숲속을 걸어간다
자연과 함께
숨을 쉬고 산다는 것은 행복하다
새소리 물소리 바람소리가 들리고
물 좋고 공기 좋은 곳에서
일백 년을 살고 있다고 소나무가 자랑한다
아름다운 숲길에 흠뻑 빠져들어
도취되어 발길을 멈추고 크게 숨을 뱉는다
지구촌 생명들에게
건강한 삶을 살 수 있도록
숨소리를 들려주자고 다짐한다

숲의 소리

숲의 속삭임이
곱디고운 무지개 옷으로 갈아입고
온 천지가 붉은 색깔로 물들었는데
색동저고리의 옷고름이 풀려나간다
하늘도 땅도 깜짝 놀란다
인생의 나이테도
낙엽에 휘날린다

무궁화

어릴 적 많이 불렀던 노래
무궁화 무궁화 우리나라 꽃
내 마음 속에 꽃이 피었다
무궁화 꽃이 대문 앞에 피어
우리 가족에게 희망을 주었고
언제나 보아도 변치 않는 꽃
무궁화가 울타리가 되어
무궁화 꽃집이 되었다
무궁화가 우리나라 꽃이고
무궁화 꽃이
우리 집이며 나의 집이다

새들의 웃음소리

저 푸른 농장에
푸른 나무를 심었더니
지구가 푸르름을 더했고
꽃과 열매가 맺어서
지구가 풍성하고
아름다워졌습니다
나뭇가지에서
새들의 웃음소리가 퍼져나가
지구가 깨끗해지고
모두가 사랑을 받고 있습니다

역대 대통령
(꿈 이야기)

1. 육영수(영부인)
앞으로 일어날 일을 꿈에서 보여주어
내 자신이 신기하다
고향 산꼭대기 자리 잡은 절간
그날 밤 천둥소리와 함께 비바람과 번개가 내리치고
법당에서 공부를 하고 있는데
짐승소리와 함께 세찬 비바람이 분다
책에서 손을 떼고
잠깐 잠이 들었는데
대통령 영부인 까만 옷을 입고 어두운 얼굴로
어둠 속으로 자취를 감추어 버린 후
일주일이 지나 문세광에게 총탄을 맞는다

2. 박정희 대통령
왠지 오늘 밤은 잠이 오지 않고
나라 걱정하는 생각만 한다
무서운 꿈을 꾼 것이다
박정희 대통령의
잘못된 환상을 보았고

불편하고 어두운 형상으로 다가와
아주 먼 곳으로 간다고 하며 지나가고
그 후 한 달이 지나
김재규 정보부장의 총탄을 맞아 돌아가셨다

3. 전두환 대통령
최류탄 냄새로
서울 거리는 눈을 뜰 수가 없고
학생과 시민 모두
군사정권 물러나라고
국민이 들고일어났다
서울 동부이촌동에서 보면
한강 다리는 북적이고
긴 잠에서 깨어나
남 · 북의 상태를 본다
꿈에서 선몽하는데
전두환 정권
국민들로부터 외면을 당할 것이다
꿈을 통해 알려준다

4. 노태우 대통령

역시 모두가 군사정권의 연장이다 국민들은 모두가 허탈하다고 한숨만 쉬고 있다.
노태우 대통령도 우리 국민 모두에게 훌륭한 대통령으로 기록될 수가 없다.
노태우 대통령도 옥고를 치르며 건강 때문에 많은 고생을 하고 있다.
역시 역사에 좋은 대통령으로 기록되지 않을 것이다.
이분도 나의 꿈에서 좋지 않은 많은 것을 보여 주셨다.

5. 김영삼 대통령

최연소 국회의원이 되어 민주화를 위해 투쟁하며 한시대를 이끌었던 분
김영삼 대통령은 청와대에서 항상 찬송 소리가 들리게 하겠다 했다
김영삼 대통령은 당선되기 전 몇 번 만나서 이야기한 적도 있다
일제 잔재를 청산하고
깨끗한 정부를 수립하겠다고 했다

흘러간 물처럼 항상 아쉬움만 남게 되고
이 나라의 민주주의 발판을 닦아놓은 초석이 되었다
김영삼 대통령을 비롯하여
가족이 어려움이 많았다.
역사가 말해 줄 것이다.

6. 김대중 대통령

김대중 대통령
악수를 하는데 두꺼비 등처럼 단단하며
잡는 순간 힘이 있었고
역사상 고문과 고통을 받고도 이겨 냈다
나라를 걱정하고
어떠한 고난 속에서도 인동초처럼
평화의 지도자로 남게 해 주신 분
한 평생 민주화를 위해 투쟁하신 김대중 대통령
우리 마음속에 영원히 남게 될 것이다.
그리고 가족이 많은 고난을 받아 마음고생을 하셨던 분
한 시대가 지난 후 역사가 말해 줄 것이며 후손들이 재평가할 것이다

7. 노무현 대통령

가난한 가정에서 태어나
온갖 어려움을 극복하고
대통령이 당선되던 날
오천만 국민이 환호했다
금수저가 아닌 흙 수저가
대통령이 된 후
국민 모두가 희망을 가졌고
나도 할 수 있다는 자신감을 주었다
노무현 대통령 정부 시절
평양 칠골교회에서 55년 만의 최초
성찬식 예배를 드렸고
개성 자남산 여관에서
남북 기독교 대표 회의를 가졌던 일
금강산 회관 남북 연합 기도회 등
훌륭한 대통령으로 기억하고 싶다
흙 수저인 모두에게 용기를 주셨던 분이다
돌아가시기 전 20일 전 꿈속에서 이야기 나누었던 일.
그리고 길도 없는 숲속을 외로히 혼자 걸어가는 모습이 눈

앞에 선하다.

8. 이명박 대통령
가난한 가정에서 태어나서 현대건설 사장
서울시장까지 하셨던 분
학교를 어렵게 다녀
가난한 사람을 이해할 줄 알았고
자기 노력으로 성공을 했던 분
대한민국의 대통령이 되어
부강한 경제 제국으로
이끌어 줄 것이라고 했는데
4대강 사업으로 신뢰를 받지 못했고
국민들의 머릿속에는 무엇이 남을까
가진 자들은 모은 것들을 일치 않기 위해 항상 걱정하며 살아가고 있다. 사람다운 사람이 필요하다.
사람이면 사람이냐. 사람이래야 사람이지.
지금 이 대통령의 가족과 일했던 분들이 많은 어려움을 당하고 있다.
권력이란 영원한 것이 아니다.

9. 박근혜 대통령

우리나라 헌정 사상
여성 대통령이 당선
기대 반 우려 반이었는데
최순실 국정 논란 속에
차디찬 국립호텔에서
하루하루를 보내는데
언제나 봄이 올련지
꿈속에서 선 몽한다
더 낮은 자세로
국민들에게 석고대죄를 하라고
양지가 음지 되고
음지가 양지 된다는 이야기처럼
역사가 바로 기록할 것이다.
역사는 지켜보고 있다.

'즐거운 고통'이라는 역설

호병탁(시인 · 문학평론가)

1.

일반적으로 물의 모습은 액체라고 생각하지만 실은 고체, 액체, 기체로 형태가 변하며 우리에게 아름다운 자연현상을 보여준다. 인위적인 만든 조건이 아닌 보통의 온도와 기압에서 물질의 세 가지 모습을 보여주는 것은 '물'뿐이다. 하늘로 피어오르는 뭉게구름, 석양의 고운 노을, 일곱 색으로 영롱한 무지개, 웅장한 폭포, 온 세상을 하얗게 덮는 눈, 얼어붙은 호수의 빙판, 이런 모든 것은 바로 물이 세 가지 모습으로 연출해낸 대자연의 아름다운 작품에 다름이 아니다.

또한 물은 생명의 근원이기도하다. 생명은 35억 년 전 원시의 바다에서 비롯되었다. 즉 물에서 태어나 육지로 올라온 것이다. 사람의 몸은 거의 물로 구성되어있다. 당장 물이 1-2%만 부족해도 심한 갈증을 느끼고, 5% 정도 부족하면 혼수상태에 빠지고, 12% 정도 부족하면 죽는다. 이처럼 물은 우리 생명 그 자체라 할 수 있다.

시인은 '물은 생명이다'라고 주장하는 사람이다. 따라서 물의 소중함을 절감하고 "물과 인간이 함께 생존할 수 있도록" 물을 잘 지키고 보전해야 할 것이라고 역설한다. 그리하여 앞으로도 "언제든지, 어디에서든지 물의 소중함"을 인식시키기 위해 "물에 대한 시"를 노래하겠다고 다짐한다. 바로 이런 마음이 아래 인용하는 시를 깎도록 만들었을 것이다.

> 물방울의 동공이 흔들리고 새벽이 바람처럼 노크를 할 때
> 한 번도 울어본 적 없는 푸른 울음이 연기처럼 하늘로 피어올라
> 목 메이게 뚝뚝 떨어지는 구름 한가운데 서 있을지라도
> 인생의 아픈 순환으로 끝없이 남아 있음을 기적처럼 감사하리.
>
> 네가 가는 길이 강이든 바다든
> 물비늘 반짝이며 헤살치는 너에게
> 나뭇잎의 초록언어로
> 끝까지 넘치는 사랑의 노래를 불러주리.
>
> 흐르는 물결에 사랑 노래가 낙엽으로 실려 가고
> 세상이 얼어붙는 겨울이 다가와
> 눈 속 얼음 되어 죽음처럼 움직이지 않더라도
> 너를 향해 춤추는 내 사랑은 멈추지 않으리.
>
> 이 한 몸 으스러지도록 천국을 향한 계단을 밟으며
> 너와 함께하는 순간과 순간
> 뜨거운 키스로 사라지지 않을 생명을 품으리.
>
> ―「물」 전문

첫 연에서 "물방울의 동공이 흔들리고" 그 흔들린 눈망울은 '새벽바람'처럼 하늘로 피어오른다. 이는 새벽안개를 의미할 것이다. 더구나 다음 행에서 "푸른 울음이 연기처럼 하늘로 피어"오른다고 노래하지 않는가. 물론 기화되어 하늘로 오르는 지상의 물방울은 아직 푸른 하늘에서 "한 번도 울어본 적"이 없다. 연기처럼 작은 물의 입자에 불과한 그 물방울은 결국 하늘의 "구름 한가운데" 위치하게 될 것이다. 그리고 마침내 그 구름은 비가 되어 "목 메이게 뚝뚝 떨어"질 것이다. 이 말은 "한 번도 울어본 적"이 없는 물방울이 '울게 될 것'이라는 말이 된다. 푸른 울음을 운다는 말이나 목 메이게 뚝뚝 떨어진다는 말은 결국 물의 입자가 결정結晶을 이루어 비로 떨어진다는 의미에 다름이 아니다. 즉 이 말은 기체가 액체로 변화된다는 말과도 같다. 시인은 이를 '인생의 순환'으로 본다. 그것도 '아픈 순환'이다. 바위와 돌은 모래로 바스러져도 결국은 고체의 무기물일 뿐이다. 앞서도 언급했지만 고체, 액체, 기체로 형태가 변하는 것은 오직 물뿐이다. 그러나 그런 형태변환의 아픔 속에서도 물은 "끝없이 남아" 순환된다. 안개로 피어오른 물방울은 비가 되어 울어야하지만 그 존재는 항구적으로 지속된다. 시인은 이를 '기적'처럼 감사하고자한다. '-하리'라는 표현은 의지이자 다짐의 말이다. 시인은 위대한 섭리로 우리의 생명이나 다름없는 물의 영원한 존속에 대해 진정으로 "감사하리"라고 스스로 다짐하고 있는 것이다.

이제 구름이란 기체에서 비라는 액체의 형태로 다시 지상에 돌아온 물은 냇물이 되어, 강이 되어 흐르다가 마침내 바다가 된다. 둘째 연에서 시인은 "헤살 치며 물비늘 반짝이는" 물결을 향해 "나뭇잎의 초록언어로" 사랑의 노래를 불러주고 있다. '반짝이는 물결'을 만드는 것은 흐르는 물이 서로 헤살을 놓고 그 위에 햇살이 부서지기 때문이다. 물이 연출하는 참으로 아름다운 풍광의 하나가 아닐 수 없다. "나뭇잎의 초록언어"란 말이 주목된다. 인간과 마찬가지로 지상의 모든 녹색식물도 그 생존을 물에 의존하고 있다. 당연히 나무들도 흐르는 물결을 향해 자신의 초록 이파리를 흔들어 그 감사함을 노래할 것이다.

사계절도 '순환'한다. 가을이 오면 초록의 잎은 낙엽이 되어 물결 따라 흘러갈 것이다. 그리고 "세상이 얼어붙는 겨울" 또한 다가올 것이다. 이때가 되면 물은 액체에서 "눈 속 얼음 되어" 고체로 변환된다. 흐름은 멈추고 "죽음처럼 움직이지 않"는 얼음으로 바뀌게 되는 것이다. 그럼에도 시인은 물에 대한 자신의 '춤추는 사랑'은 멈추지 않으리라 다짐하고 있다. 결국은 구름도, 비도, 얼음도 하나의 물이라는 액체에서 비롯된 것이 아니었던가.

마지막 연에서 시인은 물에 대한 최상의 헌사를 바치며 시를 마감한다. 우리가 사는 하루하루는 죽음을 향해 다가가는 하루하루나 진배없다. 잘 살든 못 살든, 오래 살든 짧게 살든 어차피 인간은 누구나 죽기 때문이다. 그러나 시인은 죽음으로 가는 이 길을 "천국을 향한 계단"을 밟고

가는 길로 본다. 천국에의 길이 어찌 그리 만만할 것인가. 그곳에 도달하기 위해 주어진 소명을 다하려면 "이 한 몸 으스러지도록" 맞부딪쳐야하는 아픔을 감당해야 할 때도 많을 것이다. 그럼에도 그 긴 삶의 여정에 "사라지지 않을 생명을 품"게 하는 것은 무엇인가. 물이다. 우리는 하루에도 몇 번씩 물을 마셔야하고 따라서 물과 입맞춤을 하지 않을 수 없다. 물과의 "뜨거운 키스"는 천국으로 가는 마지막 계단까지 "순간과 순간" 계속되어야 하는 것이다.

시는 끝이 났다. 그러나 '사라지지 않을 생명'과 물과의 필연적 관계는 우리를 여러 가지 면에서 성찰하게 하는 긴 여운을 남긴다. 지구의 나이는 대략 46억 살이다. 지구가 처음 태어났을 때는 너무 뜨거웠고 살아있는 것은 아무것도 없었다. 지구가 서서히 식으며 지구를 둘러쌓고 있던 수증기가 액체로 변하며 엄청난 비가 내렸고 바다가 만들어졌다. 이렇게 10억년이 지나자 그 바다에는 단세포의 원시생명이 나타났고 결국 이것들이 오랜 세월을 거치며 해파리, 지렁이 같은 것이 되고, 그 뒤 바다에는 물고기가 등장했다. 여기서 진화된 양서류가 힘들게 뭍으로의 첫 발자국을 내디뎠고 최초의 육지동물이 된다. 이때 땅 위에도 물을 빨아드린 녹색식물이 태양 에너지로 광합성을 하며 번성하기 시작했고 이를 먹이로 한 육지동물은 파충류로, 조류와 포유류로 발전하고 마침내 사람과 같은 고등한 생명체가 될 수 있었던 것이다. 이렇게 보면 앞에서도 말한 것처럼 '물은 곧 생명'이라 할 수 있다. 지구의 역사를 하루로 잡는다면 사람이 살기 시작해서 지금까지 걸린 시간은 단 30초밖에 안 된다. 그 30초 동안, 아니 근 · 현대의 단 1초 동안 인간은 이 보석과도 같은 푸른 행성을 개발이란 명목으로 얼마나 함부로 대하여 왔던가. 삶과 죽음이라는 '아픈 순환'은 계속되겠지만 생명의 존속은 영원할 것이다. 단 물 또한 영원히 존속한다는 전제하에서 말이다.

2.

미를 창조하고 표현하는 인간의 지적 활동 또는 산물이 바로 예술이다. 미의 창조 및 표현의 대상은 여러 가지가 있을 수 있겠지만 가장 전통적이면서도 항구적인 표현 대상은 무엇보다도 '자연'이다. 앞의 시 「물」도 자연의 일부다. 이 시에 등장하는 물방울, 하늘, 구름, 강, 바다, 나뭇잎, 낙엽, 눈, 얼음 등의 어휘는 모두 자연이다. 물론 만물의 영장이라는 인간도 자연의 하나에 불과하다.

시인은 수많은 유정물과 무정물의 자연을 작품에 견인하고 있다. 그 중 유별나게 눈에 띄는 봄꽃들과 작은 동물을 노래하고 있는 시 한 편을 본다.

> 봄소식을 알리고 있는
> 덕유산 푸른 농장 아래 개울
> 가재, 다슬기의 즐거운 놀이터에
> 개구리도 끼어들어 좋아하고 있다.

옆에서 숨바꼭질 하다가
고개를 내민 버들강아지
살며시 흔들대며 미소 짖는다.

농장에는
복숭아, 살구, 매실, 진달래, 목련이
으-사사 기지개를 펴고
무지갯빛 꽃소식으로
벌 나비를 부르고 있다.
나도 부르고 있다.

—「봄이 오는 길목」 전문

봄이 오는 덕유산 기슭의 아름다운 풍광을 그리고 있는 시다.

첫 연에는 "가재, 다슬기의 즐거운 놀이터"인 개울의 정경이 묘사된다. 이 작은 생명들도 봄소식을 즐거워하며 놀고 있다. 이에 "개구리도 끼어들어" 놀이에 합세한다. "옆에서 숨바꼭질" 하는 버들강아지까지 "흔들대며 미소 짖"고 있다. 참으로 정겨운 모습이 아닐 수 없다.

둘째 연은 농장의 여러 봄꽃들이 등장한다. "복숭아, 살구, 매실, 진달래, 목련" 등의 여러 색깔 꽃들이 "벌 나비를 부르고 있다." 그런데 시인은 그 봄꽃들이 "으-사사 기지개를 펴고" 있다고 말한다. 여기에서 "으-사사"라는 기지개를 펴는 모습의 의태어는 작품에 생동감을 강화하는 결정적 요소로 작동한다. 어린아이의 표현과도 유사한 이 의태어는 보는 사람이 대상과 동일화되는 '감정이입'을 유발한다. 이점은 마지막 행의 꽃들이 "나도 부르고 있다."

와 함께 이 시에서 가장 중요한 문학적 장치가 될 것이다.

화분花粉으로 번식하는 꽃이 벌 나비를 부르는 것은 당연하다. 여기에서 시가 끝났다면 이 시는 단지 봄의 개울과 농장 풍광을 묘사하는 데 그치고 말았을 것이다. 그러나 "으-사사" 기지개 펴는 꽃들은 벌 나비만 부르고 있는 게 아니다. 시적 화자인 '나'까지 부르고 있다. 그만큼 시인은 봄꽃들에게 인간의 속성을 부여하며 감정이입을 하고 있는 것이다.

3.

이런 예는 다른 시에 서도 나타난다.

물줄기는 졸졸졸
송사리는 제철을 만난 듯 힘차고
나도 물가에 앉아
송사리가 되어본다.

—「빗줄기」 부분

시인은 소리의 음악성을 통하여 의미를 보강해주려고 힘을 쓴다. 따라서 시인은 가능한 한 의미와 함께 음악성을 주는 어휘를 골라 쓰려고 노력한다. 자연계의 소리를 흉내 내는 의성어, 사물의 모양이나 태도 움직임을 묘사하는 의태어는 이런 경우의 대표적 방법이다. 이런 말은 어린아이들이 즐겨 쓴다. "송알송알 싸리 잎에 은구슬, 조롱

조롱 거미줄에 옥구슬" 같은 동요나 "햇빛은 쨍쨍, 모래알은 반짝"과 같은 동요가 그런 예다. 위 시에서도 개울의 "물줄기는 졸졸졸" 흐르고 있다. 이런 말은 사물의 모습을 감각적으로 여실하게 형상화할 뿐 아니라 시에 음악성을 주는 역할을 수행한다. 확실히 어린아이의 순수한 마음은 자신이 지각하는 사물의 행동에 자신도 참여하는 느낌을 쉽게 갖는다. 시인도 마찬가지다. 그리하여 흐르는 물에 헤엄치는 송사리를 보고 자신 또한 스스로 송사리가 되고 있는 것이다.

시인이 동심의 맑은 눈을 지닌 사람이라는 것은 다음 시를 보더라도 확실한 것 같다.

낮에는
밤에 볼 수 없는 것을 보고
밤에는
낮에 볼 수 없는 것을 본다.
낮과 밤은 그래서 좋다.

—「낮과 밤」 전문

"밤에 볼 수 없는 것"을 낮에 보고, "낮에 볼 수 없는 것"을 밤에 본다는 것은 당연한 상식이다. 비평가나 독자는 마지막 행에서 이런 일반적 상식을 뒤집는 반어법, 즉 화자의 말과 시인이 의도하는 말이 다를 것으로 예상한다. 혹은 역설, 즉 겉으로는 모순되는 것처럼 보이지만 실제로는 어떤 진리가 담긴 어법이 사용될 것으로 기대한다. 이는 얼토당토않게 보이는 진술이 독자의 주의를 끌고 화자의 의도를 더 효과적으로 전달할 수 있고 또한 충격요법의 가치를 갖기 때문이기도 하다.

그러나 동심의 눈은 이런 겉과 속 다른 어른 세계의 아이러니 어법을 수용하지 않는다. 낮에 볼 수 있는 것은 낮에 보고, 밤에 볼 수 있는 것은 밤에 볼 뿐이다. 따라서 낮과 밤은 모두 좋은 것이다. 이는 바로 당연한 상식적 진술을 액면 그대로 수용한, 그러나 결과적으로 어른 세계의 배타적 · 위계적 이분법을 넘어서는 의외의 발화가 된다.

어떤 사물이나 현상을 파악하고자 할 때 우리는 이분법적 사고를 사용한다. 전체를 두 부분으로 나누고 양자의 관계와 상호작용으로 전체를 인지하는 것이다. 예컨대 이성 · 감성, 정신 · 육체, 서양 · 동양, 남성 · 여성, 인간 · 자연 등의 이분법이 그것이다. 위 시에서의 "낮과 밤"도 마찬가지다. 이는 전체적 국면과 작동원리를 체계적이고 효율적으로 파악하게 해주는 장점이 있다. 문제는 두 항이 동등한 관계로 규정되지 않는다는 점이다. 두 항 가운데 하나가 다른 항을 억압하고 배제한 역사가 바로 서구 이분법의 역사였던 것이다. 즉 서구의 이분법은 배타적 이분법이자 위계적 이분법이었던 것이다. 그 결과 인간이 자연을 정복하고 서양이 동양을 지배하는 일이 정당화될 수 있었다. 문제의 핵심은 이분법 자체가 아니라 이를 위계적 서열상으로 간주하고 이용했던 것에 있다.

여기까지 생각할 때 '낮과 밤이 모두 좋다'는 발화는 얼마나 참신한가. 다 좋다는 이유는 앞의 행들에서 명쾌하게 밝힌 당연한 상식에 의해서이다. 상식적 진술을 동심 그대로 수용했지만 어떠한 반어나 역설의 화법도 없이 마지막 행의 결과는 그 이상의 효과를 내고 있다. 한 마디로 멋진 시가 되었다.

이제 다시 「봄이 오는 길목」으로 돌아가자. 나는 이 시에 나타나는 '감정이입'의 효과를 언급하며 "으-사사"라는 꽃이 기지개를 펴는 모습의 의태어와, 꽃에 인격을 부여하여 그것이 화자인 '나'도 부른다는 두 가지 점을 중요한 문학적 장치로 강조한바 있다. 그리고 이 장치의 효과에 대해서 「빗줄기」와 「낮과 밤」이란 두 편의 시에서 좀 더 구체화시켜보았다. 한 마디로 감정이입은 비자의적으로 자신을 대상 속에 투사하는 것이다. 즉 관찰자는 외부 대상의 속성 자체로 경험하게 된다. 송사리를 보고 자신 또한 스스로 송사리가 되는 것처럼 말이다.

어린아이의 순수한 마음은 두 가지 문학 장치에 쉽고 깊게 참여한다. 즉 그들은 '자신이 보고 있는 전체의 일부'가 되어버린다. 새와 함께 '훨훨' 하늘을 날고, 병아리와 함께 '삐약삐약' 댈 수 있는 것이다. 또한 그들 스스로가 쉽게 감정이입의 대상이 되기도 한다. 대중 앞에 처음 글을 암송하는 어린아이의 감정적 경험과 우리는 쉽게 공감을 한다. 그 아이가 암송할 글을 잊어버리고 더듬거릴 때, 그래서 얼굴이 빨갛게 달아올랐을 때 우리는 즉각적으로 '감정이입'을 경험하게 되는 것이다. 앞의 글들이 성공적으로 될 수 있었던 것은 바로 이런 원인이 작동되었기 때문이다. 다시 강조하건대 시인은 천진하고 순순한 동심의 눈을 가졌음에 틀림없을 것 같다.

4.

모든 문학작품은 작가의 전기적 배경에 대한 지식이 없어도 얼마든지 감상하고 이해할 수 있을 것이다. 그러나 어느 예술가도 '혼자'서는 완전한 의미를 만들 수 없는 것이며 모든 예술작품에는 '외적 환경'이 수반되고, 우리가 그것을 제대로 인지할 때 작품은 부가적 의미를 창출할 것이다. 어차피 상상력의 소산인 문학의 세계는 현실을 매개하는 것이며 상상력의 활동과 기능은 '무'의 상태에서는 가능하지 않다. 상상력은 일상생활의 모든 '체험'을 바탕으로 해서 새롭고 의미 깊은 형상을 창조하는 능력이다. 그리고 그것은 경험된 사실에 기초하는 것이다. 즉 문학의 토대는 '체험'이고 체험은 한 작가의 인생이 지속되는 동안 끊임없이 반추되고 또한 그것은 작품에 반영될 수밖에 없다. 이 시집의 제목이 「그땐 그랬지」다. '그때 그랬다는 것'은 바로 어느 시기 시인이 체험한 것을 말하는 것이 아닌가. 우리는 시인의 많은 작품 행간에서 이미 그의 현실적 체험을 바로 감지할 수 있다. 더구나 「시인의 말」에서 시인은 "지난날 해왔던 일과 틈틈이 여행을 하면서 듣고 보고했던 것"을 스케치하고 있다고 말하고 있지 아니

한가. 그 중 하나를 본다.

> 푸른 청춘 키운
> 대마도의 편백나무 숲
> 자꾸만 사랑을 고백해서
> 몸뚱어리를 두 팔 벌려 안으려 하니
> 내 품에 들어오질 않는다
> 나이가 들어서일까?
> 마음이 변해서 일까?
>
> —「대마도」 전문

나는 시인이 어느 곳에서 태어나 어떻게 성장했는지 모른다. 그러나 "대마도의 편백나무 숲"이 자신의 "푸른 청춘"을 키웠다고 시의 문을 여는 것을 보니 대마도가 시인과 관련이 있는 곳임에는 틀림없는 것 같다. 더구나 시집에는「대마도의 발자취」라는 시도 있다.

청춘이 다 지나가고 "나이가 들어" 시인이 다시 대마도를 찾았다. 그런데 "대마도의 편백나무 숲"이 자신에게 "자꾸만 사랑을 고백해" 온다. 그래서 그 "몸뚱어리를 두 팔 벌려 안으려 하니" 웬일인지 "품에 들어오질 않는다" 여기까지가 이 작품에서 발생한 한 사건의 묘사다. 화자는 그 이유를 스스로 묻고 있다. 자신의 "나이가 들어서일까?" 혹은 자신의 "마음이 변해서 일까?" 여기에 답은 없다. 그러나 이 시에서 가장 많은 것을 생각하게 하는 대목이기도 하다.

일본은 가장 가깝게 있으면서도 가장 멀게 느껴지는 나

라이자 또한 가장 잘 알듯하면서도 도대체 뭔지 알 수 없는 나라이기도 하다. 한 마디로 다른 나라와는 달리 우리에게 정말 복잡한 감정을 가지게 하는 나라다. 시인도 마찬가지일 것이다. 앞의 답이 없는 질문에는 이런 복잡한 감정이 배어있다. 시인은 일본인들이 "개미처럼 절약하고 근면한 생활"을 하는 사람들로 "베짱이처럼 요란스럽지" 않고 '조용'하고 '깔끔한' 사람들이라며 예의를 갖추고 칭찬한다.(「개미의 나라–일본인」) 한편 시인은 대마도는 "조상들의 땀과 혼이 서려" 있는 곳으로 "한민족이 찾아야 할 땅"으로 간주하고 그 땅이 "언제가 우리의 품으로/ 돌아올 날"을 손꼽아 기다리는 사람이기도 하다.(「대마도의 발자취」) 이런 복잡한 감정을 동시에 갖게 하는 나라가 바로 일본인 것이다.

앞의 두 가지 질문은 실상 현실적으로 답이 있을 수 없다. 그전에는 '두 팔에 안기던 것'이 나이가 들었다고 그것을 안을 수 없을 정도로 화자의 똑같은 두 팔이 줄어드는 것은 아니다. 마찬가지로 비록 마음이 변했더라도 같은 화자의 품이 작아지는 것도 결코 있을 수 없는 일이다. 현실적인 답으로는 청년시절 품에 들어오던 나무의 굵기가 세월이 흘러감에 커져 이제는 품에 들어오지 않는 이유밖에 없다. 그럼에도 대마도의 편백나무의 향기는 여전하다. 나이 들어 찾았지만 아직도 변함없이 "사랑을 고백"해 오고 있다. 더구나 이 숲은 화자의 "푸른 청춘"을 키워준 곳이 아닌가. 왜 화자는 반갑게 달려가 품에 안지 못하고 답이 있을 수 없는 질문만 하고 있는 것인가. '가깝고도 먼 나라'이기 때문일 것이다. 복잡한 두 갈래의 감정이 타래처럼 서로 엮이고 있기 때문일 것이다.

5.

문장을 다듬는다는 것은 아름답게 '꾸미는' 것을 의미하는 것이 아니다. 오히려 꾸민 것을 벗겨내는 것이 퇴고의 과정에서 이루어져야 할 일이 된다. 애당초 수사학의 목적은 '설득'이다. 결국 청중을 설득하기 위한 방편으로 웅변술에서 채택된 수사학은 이제 독자가 문학작품에 반응하도록 하는 데 사용되는 글쓰기 전략이다. 그러나 만약 아무런 수사도 없이 독자의 반응을 이끌어 낸다면 그것은 독자와의 협상에 성공한 셈이다.

> 땅은 안녕하신가?
> 하늘에서 내려다보니
> 개미 떼들의 순례길
> 세상이 고되다
>
> —「참된 삶」 전문

개인적인 생각이지만 시집에서 가장 눈에 띄는 시다. 시에 등장하는 땅, 하늘, 개미, 세상이란 명사를 꾸며주는 어떤 수식어도 없다. 또한 이들 명사를 비유하는 말도 없다. 이 시에는 화자의 슬픔이나 기쁨, 그리움이나 외로움과 같은 내면의 정서적 감정도 전혀 표출되지 않는다. 네 행으로 구성된 시는 담백하고 간결하며 군더더기 없이 짧다. 그러나 이 글이 백지의 의식 상태에서 "개미 떼들의 순례길"만을 묘사하고 있는 것인가. 우리가 시에 좀 더 다가서면 이 단출한 정경 사이에 어른거리는 시인의 관념을 감지할 수 있다. 밤하늘의 청명한 달이 아니라 물결위에 일렁이는 달과도 같은 관념이다.

개미들의 동선動線은 발아래에 위치함으로 우리는 절로 아래를 내려다보게 된다. 땅을 부지런히 기어가는 개미들의 눈에는 우리 인간은 하늘에 존재하는 셈이 된다. 이런 정경은 마치 신이 세상이 어떠한지 내려다보는 것과도 유사하다. 시의 처음 두 행은 바로 하늘의 신이 땅의 인간들이 "안녕하신가?" 궁금하여 내려다보는 것의 메타포라고 할 수 있다. 신이 "내려다보니" "개미 떼들의 순례길"이 보인다. 순례巡禮는 종교상의 성지 같은 곳을 차례로 찾아다니며 참배하는 일로 결코 쉬운 일이 아니다. 따라서 순례길은 고난의 길이다.

우리는 여름날 개미들이 열을 지어 가고 있는 것을 볼 수 있다. 함께 무리를 이루어 죽은 벌레를 질질 끌고 가는 것도 보게 된다. 먹이를 발견하면 즉시 그걸 끌고 집으로 돌아가고 또 열을 지어 밖으로 나온다. 끊임없이 이 일을 반복할 뿐이다. 어찌 보면 이들의 모습은 인간과도 같다. 원죄로 인하여 낙원에서 추방된 인간은 평생을 집과 일터를 오가며 노동해야 먹고산다. "개미 떼들의 순례길"처럼 고된 길이다. 그래서 인생을 고해苦海라고 했던가. 하늘의 신도 "세상이 고되다"는 것을 안다.

그럼에도 인간의 노동은 누가 시켜서 억지로 하는 것이 아니라 자발적으로 하는 노동이다. 만약 노예와 같이 강제적으로 하는 노동이라면 그것은 진짜 견딜 수 없는 고통이 될 수밖에 없다. 그렇다면 스스로 택한 이런 고통은 실상은 즐거운 일이 된다. '즐거운 고통'이라는 역설이 성립하게 되는 것이다.

어떤 '포즈'도 배제되어 있는 위 시는 수많은 수사를 견인한 문장보다 오히려 설득력 있게 다가온다.

6.

세련과는 거리가 먼 소박한 글, 순박한 어법, 가식 없는 무심한 문장들은 솔직히 처음에는 아주 이례적인 것으로 다가왔다. 문학은 그 주체가 작가이건 독자이건 우리가 삶에서 구할 수 있는 즐거움의 하나가 되어야한다. 즉 시를 읽고 배우고 쓰는 일은 고통이 아니라 즐거움이 되어야한다는 말이다. 문학작품의 가장 큰 독자는 의외로 이런 당사자들이다. 이런 시인이 많으면 많을수록 문단은 풍요로워진다. 더 나아가 출판계와 우리 사회의 문화도 발전할 것임은 자명하다. 사실 시라는 것은 특별한 사람만 쓰는 것이 아니다. 가슴에 담은 지극한 정서를 평범한 사람이 평범한 언어로 진솔하게 쓰는 것이 시라고 나는 믿고 있다. 그리하여 독자들의 가슴에 어떤 울림을 만들어낸다면 성공한 시라고 본다. 위에 인용한 몇 편의 시인이 바로 그런 시다. 앞으로도 이런 시편들이 계속 생산되기를 바라며 시 쓰는 즐거움을 마음껏 누리기를 기원한다.

이희두 시집

그땐 그랬지

초판인쇄 | 2018년 2월 12일
초판발행 | 2018년 2월 12일

지 은 이 | 이희두
회 장 | 서정환
발 행 인 | 정종명
편집주간 | 차윤옥

펴 낸 곳 도서출판 **계간문예**
편 집 부 | 03132 서울시 종로구 삼일대로 30길 21 종로오피스텔 808호
주 소 | 03132 서울시 종로구 삼일대로 32길 36 운현신화타워빌딩 305호
전 화 | 02-3675-5633, 070-8806-4052
팩 스 | 02-766-4052
이메일 | munin5633@naver.com
출판등록 | 2005년 3월 9일 제300-2005-34호
인쇄 · 제본 | 신아출판사
ISBN 978-89-6554-174-5 03810

값 15,000원

잘못된 책은 바꿔 드립니다.

이 도서의 국립중앙도서관 출판시도서목록(CIP)은 서지정보유통지원시스템 홈페이지(http://seoji.nl.go.kr)와 국가자료공동목록시스템(http://www.nl.go.kr/kolisnet)에서 이용하실 수 있습니다. (CIP제어번호: CIP2018005100)